AF460768

SOCIÉTÉ LIBRE DE L'EURE

(SECTION DE L'ARRONDISSEMENT DE BERNAY)

LANGUET DE GERGY

Abbé commendataire de Bernay

DE 1745 A 1750

Communication par M. F. MALBRANCHE

A la Séance du 25 Septembre 1887

TENUE

Sous la Présidence de M. le Duc DE BROGLIE

BERNAY

IMPRIMERIE VEUVE ALFRED LEFÈVRE

Mlles J. et A. Lefèvre, Successeurs

1887

LANGUET DE GERGY

Abbé commendataire de Bernay

DE 1745 A 1750

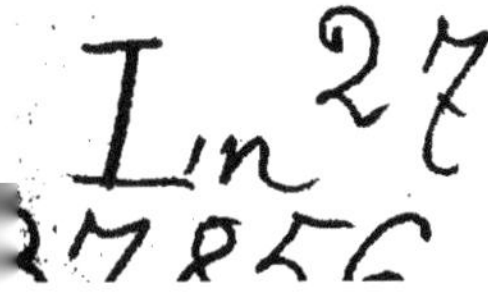

SOCIÉTÉ LIBRE DE L'EURE

(SECTION DE L'ARRONDISSEMENT DE BERNAY)

LANGUET DE GERGY

Abbé commendataire de Bernay

DE 1745 A 1750

Communication par M. F. MALBRANCHE

A la Séance du 25 Septembre 1887

TENUE

Sous la Présidence de M. le Duc DE BROGLIE

BERNAY

IMPRIMERIE VEUVE ALFRED LEFÈVRE

Mlles J. et A. Lefèvre, Successeurs

1887

LANGUET DE GERGY

Abbé Commendataire de Bernay

DE 1745 A 1750

MESSIEURS,

Il est aujourd'hui bien peu connu que la construction de l'un des monuments religieux les plus remarquables de la ville de Paris, l'église Saint-Sulpice, est l'œuvre de l'un des abbés commendataires de l'ancienne abbaye de Bernay. Languet de Gergy, qui posséda ce gros bénéfice pendant les cinq dernières années de sa vie, de 1745 à 1750, et qui fut curé de Saint-Sulpice pendant 35 ans, conçut cette grande entreprise, en poursuivit énergiquement l'exécution et parvint, à force de persévérance, de zèle et de dévouement, à la conduire à bonne fin. Comme abbé de Bernay, il appartient à notre histoire locale ; c'est à ce titre, Messieurs, que je me propose de vous entretenir quelques instants de sa vie et de ses œuvres.

Issu d'une famille noble et parlementaire, Jean-Baptiste-Joseph Languet de Gergy, qui devait un jour être abbé de Bernay, naquit à Dijon le 6 juin 1675. Fils de Denys Languet, seigneur de Rochefort, baron de Gergy, qui fut successivement conseiller au parlement de Rouen et Procureur général au parlement de Dijon, il eut pour frère, Jean-Joseph Languet, évêque de Soissons, puis archevêque de Sens, qui prit une part des plus actives aux querelles religieuses de l'époque et fut l'un des plus redoutables adversaires des Jansénistes.

Destiné dès son enfance à la carrière ecclésiastique, Jean-Baptiste-Joseph Languet se prépara à cette carrière par de sérieuses études. A 28 ans, il fut reçu docteur de Sorbonne et attaché à la communauté des prêtres de Saint-Sulpice à Paris, dont tous les membres, sous la règle de leur vénérable fondateur, l'abbé Ollier, donnaient l'exemple d'une vie vraiment évangélique. En 1714, il fut nommé curé de Saint-Sulpice, l'une des paroisses les plus populeuses de Paris, dont l'église, malgré des agrandissements successifs, était encore insuffisante pour sa population, atteignant, disait-on, le chiffre de 125,000 âmes.

Déjà, sous la régence d'Anne d'Autriche, la construction d'une nouvelle église avait été décidée dans une assemblée des notables de la paroisse, les travaux avaient été commencés, lorsqu'en 1675, l'année même de la naissance de notre abbé, ils furent interrompus, la fabrique étant endettée de plus de 672,000 livres.

Cette lourde dette fut la source d'un long procès dirigé contre l'abbé de Saint-Germain des Prés, que les Marguilliers voulaient faire condamner à venir en aide à la fabrique, comme jouissant du patronage de l'église, des dixmes et des droits seigneuriaux dans toute l'étendue de la paroisse. Dans un mémoire fortement motivé, l'abbé de Saint-Germain des Prés conclut à la responsabilité personnelle des Marguilliers, les accusant d'avoir détourné de leur véritable destination les fonds de la construction de l'église et de les avoir employés notamment au percement du canal du Languedoc (1). L'affaire menaçait de prendre des proportions considérables, les habitants de la paroisse avaient eux-mêmes été mis en cause, lorsque l'autorité intervint et arrêta les poursuites. Aucune taxe ne fut levée ni sur les habitants, ni sur l'abbaye de Saint-Germain des Prés, mais les travaux restèrent suspendus et pendant près d'un demi siècle, il n'en fut plus question.

Les choses en étaient là, lorsque Languet de Gergy fut nommé à la cure de Saint-Sulpice. Malgré les sommes considérables qui avaient déjà été dépensées, les travaux étaient relativement peu avancés. Pour célébrer l'office et accomplir les cérémonies du culte, on avait fermé le chœur au moyen d'une cloison et dans cet étroit espace le clergé et les fidèles se pressaient autour de l'officiant et assistaient tant bien que mal, plutôt mal que bien, à la célébration des saints mystères.

Un tel état de choses ne pouvait cependant durer éternellement dans une paroisse qui avait pour Suzerain le Duc de Verneuil, pour patron l'abbé de la puissante abbaye de Saint-Germain des Prés et qui comptait au nombre de ses habitants le Comte de Brienne, le Duc de Liancourt, le Prince de Condé et tant d'autres hauts et puissants Seigneurs. Il était réservé à Languet de Gergy d'y mettre fin. C'était, en effet, l'homme par excellence pour accomplir une pareille tâche. Animé d'un zèle ardent, d'un esprit vif, entreprenant, habile administrateur, ayant ses entrées libres chez les plus grands Seigneurs et même à la

---

(1) *Histoire de Paris*, par D. Félibien. 2e vol. des pièces justificatives, col. 292 et suivantes.

Cour, il pouvait espérer que les ressources ne lui manqueraient pas une fois l'œuvre commencée.

Depuis quatre années qu'il était curé de St-Sulpice, il méditait ce projet, lorsqu'une personne pieuse lui ayant remis une modique somme de 300 livres, il prit enfin son parti, et résolut de se mettre à l'œuvre. Avec ce léger pécule, il acheta quelques blocs de pierre qu'il fit étaler dans toutes les rues environnantes, annonçant publiquement qu'elles étaient destinées à la construction de son église ; le stratagème ne pouvait manquer de réussir. L'entreprise répondait au plus vif désir des paroissiens, qui voyaient avec peine leur église inachevée. Les dons et les offrandes, stimulées d'ailleurs par les exhortations du Pasteur, ne tardèrent pas à abonder. Le Roi permit une loterie qui fournit d'importantes ressources et pour s'attirer de nouvelles libéralités, l'adroit curé fit poser la première pierre de chaque chapelle, de chaque autel, de chaque pilier et même de chaque porte, par les plus hauts personnages et par ses plus riches bienfaiteurs. (1)

L'abbé de Saint-Germain des Prés, qui était alors le Cardinal de Bissy, fut appelé l'un des premiers à cet honneur, mais cela n'empêcha pas ses hommes d'affaires de réclamer les droits seigneuriaux sur les maisons qu'il avait fallu acheter et abattre pour l'emplacement

---

(1) La 1re pierre du portail de la rue des Fossoyeurs fut posée le 5 décembre 1719 par le duc d'Orléans, celle du 2e pilier de la nef à main gauche en entrant le fut le 17 février 1721 par le Cardinal de Bissy, abbé de Saint-Germain des Prés. Le conseiller d'Etat, contrôleur général des finances, M. de la Houssaye, posa celle du 3e pilier de la nef, le 5 mars 1722 ; M. le Cardinal de Polignac celle du 3e pilier des bas côtés ou des chapelles à gauche le 2 mai suivant ; M. Dodun, contrôleur des finances, celle du 2e pilier des bas côtés le 13 mai de la même année et M. le Comte de Clermont, au nom de son frère, le Duc de Clermont, la 1re pierre d'un autre pilier le 6 avril 1724. (*Histoire de Paris*, par D. Félibien, 2e vol. page 1389.)

du nouvel édifice et pour en rendre les abords accessibles. La somme était importante et le curé ne voulant rien payer se défendit énergiquement. C'était, disait-il, un Père riche qui demandait des droits rigoureux à son enfant pauvre. Dans son mémoire de défense, il exposait les sacrifices qu'il avait faits personnellement, le dénument auquel il s'était réduit, les embarras dans lesquels l'avait jeté la catastrophe de Law. « Ici, écrivait-il, la religion relève sa puissante voix et s'écrie : C'est donc à ce curé que l'on fait ces demandes, à ce curé qui s'est dépouillé deux fois de ses propres meubles, de son cabinet et de ses curiosités attachantes, pour fournir, partie aux frais du bâtiment de son église, à qui la révolution des billets de banque ôtait toute autre ressource, et partie à la nourriture de ses pauvres, dans les temps de famine et de disette publique ; qui n'ayant plus qu'un reste de légitime patrimoniale, le vendit en ces temps malheureux et en partagea le prix entre le bâtiment de son église et les pauvres de sa paroisse, qui lui sont encore plus chers. Or, il est de notoriété publique que ces mêmes pauvres, habitants et sujets de l'abbaye de Saint-Germain des Prés, paroissiens de Saint-Sulpice, étaient au nombre de 20,000, ou environ (1) ».

Il ajoute, en terminant, que ses efforts et son zèle ont ruiné sa santé, l'ont conduit deux fois en six mois aux portes de la mort ; il fait appel au bon cœur et à la générosité du Cardinal qui dut se rendre à d'aussi bonnes raisons.

Barbier, dans son journal historique du règne de

---

(1) *Mémoire ou défenses de Languet de Gergy contre l'abbé de Saint-Germain des Prés, au sujet des droits de lots et ventes et indemnités pour les acquisitions de maisons ayant servi à l'agrandissement de Saint-Sulpice* (Archives nationales, S. 2889. Domaines ecclésiastiques).

Louis XV signale, au 21 août 1732, la pose de la première pierre du maître autel par le Nonce du Pape et ne manque pas d'ajouter, avec cet esprit satyrique qui lui est habituel, « que le curé de St-Sulpice était bien » capable de tirer même du Pape et que ce Pontife » avait, disait-on, donné 50,000 livres pour la construc- » tion de l'autel (1) ».

Un journal périodique du temps, auquel avaient donné naissance les querelles du Jansénisme, saisit aussi l'occasion pour décocher un trait au curé de St-Sulpice : « La doctrine ultramontaine de Messieurs » de St-Sulpice (2), dit ce journal, donne lieu à bien des » remarques, que l'on ne ferait pas sans cela, sur le » superbe édifice qu'ils élèvent depuis si longtemps à » si grands frais. M. Languet, curé de cette paroisse, » architecte, ou ordonnateur en chef de ce bâtiment, a » affecté tout récemment de faire poser la première » pierre du maître autel par le Nonce du Pape, comme » si, dans la capitale du royaume, dans une des plus » brillantes paroisses de Paris, et à la porte pour ainsi » dire de la Cour, où les Sulpiciens, et en particulier » Messieurs Languet, ont de si grandes entrées, il n'y » avait point de Seigneurs à qui un pareil honneur pût » être ou assez utilement, ou assez décemment déféré ! » Quoiqu'il en soit, le Ministre *Romain* aura pu voir » avec satisfaction la thiare, les clés et les autres attri- » buts de la puissance pontificale arborés avec autant de » magnificence que de distinction au dehors et au dedans » de cette église *française*.... (3) ».

---

(1) *Journal de Barbier*, T. 2, p. 333.

(2) On sait que la communauté des prêtres de St-Sulpice était partisan de la Bulle *Unigenitus* que combattait ce journal.

(3) Les *Nouvelles ecclésiastiques* pour servir à l'histoire de la Bulle *Unigenitus*. — No du 14 septembre 1732, page 179.

La passion et l'esprit de parti qui animaient les frondeurs pouvaient seuls expliquer ces critiques ; comment, en effet, trouver étrange que sur un monument religieux, on vît figurer les insignes de la papauté (1), et que le Nonce du Pape fût appelé à poser l'une des pierres de l'édifice ; rien n'était plus conforme aux usages et aux convenances. Mais, il ne faut point oublier que le journal, auteur de ces attaques, était l'organe des Jansénistes et que le curé de St-Sulpice avait le tort grave d'être le frère de l'archevêque de Sens, l'un des polémistes les plus ardents en faveur de la Bulle *Unigenitus*.

Qu'importaient d'ailleurs les attaques, l'œuvre du curé de St-Sulpice n'avait-elle pas le sort de toutes les grandes entreprises, qui, en attirant l'attention, attirent en même temps les critiques. Les travaux n'en furent pas moins poursuivis avec vigueur. L'année 1733 vit commencer le portail qui décore si majestueusement la façade du monument. Le plan de l'architecte Servandoni, auquel ce travail fut confié, subit cependant quelques modifications. Les tours bien moins élevées qu'elles ne le sont aujourd'hui, manquaient d'élégance et ne répondaient point à la belle ordonnance du portail. « Les paroissiens zélés, dit Dulaure (2), mettaient beaucoup d'importance dans la hauteur des » clochers. C'était pour eux une gloire d'avoir une » église dont les cloches surpassent en grosseur et en » élévation celles des autres églises. Ils voulaient que » toutes les oreilles, sans distinction, fussent frappées » par le tintamarre de la sonnerie... » Cette rivalité entre les paroisses détermina, après de longues hésita-

(1) Sur une croisée de l'église du côté de la rue du Four, on avait sculpté une thiare avec les autres ornements pontificaux.

(2) *Histoire de Paris*, p. 398.

tions toutefois, la reconstruction des tours auxquelles on donna 210 pieds d'élévation, 6 pieds de plus que celles de Notre-Dame. Mais l'exécution n'eut lieu que sous le successeur de Languet de Gergy, qui eut la satisfaction cependant de les voir presque terminées avant de mourir.

Ce n'était pas un travail de mince importance que la construction de cet édifice, qui, de la première marche de la façade à l'extrémité de la chapelle de la Vierge, comporte 72 toises de longueur et qui, du pavé à la hauteur des voûtes, présente une élévation de 99 pieds. Pour conduire à sa perfection un ouvrage de cette importance, il n'est sorte de ruses pieuses, d'artifices et de stratagèmes auxquels n'ait eu recours le zélé Pasteur. Il nous a été raconté, mais nous n'avons pu découvrir aucune trace de l'authenticité du fait, qu'étant un jour à la Cour, le Roi, sur sa demande, lui donna un bon de sa main par lequel il s'engageait à payer les serrures de l'édifice, mais aussitôt le hardi curé, prenant la plume, trancha d'un trait la lettre S, changeant ainsi le mot *serrures* en celui de *ferrures*. Le Roi accepta le trait et dut, dit-on, pour dégager sa signature payer près d'un million.

Non-seulement Languet de Gergy consacra tous ses soins à la construction de son église, mais il voulut encore l'orner et en poursuivre la décoration intérieure ; il obtint du Roi pour servir de bénitiers les deux superbes coquilles que l'on voit encore à l'entrée de la Nef (1), et du duc d'Orléans tous les marbres qui revê-

---

(1) Ces deux coquilles que Dulaure dit appartenir à un poisson appelé *la Tuilée*, avaient été données par la République de Venise à François Ier, qui les avait fait déposer au cabinet d'histoire naturelle du Jardin des Plantes. En 1793, elles furent enlevées de l'église, mais elles y furent replacées en 1802. (*Inventaire des richesses d'art de la France*, T. 1er. Paris, Eglise St-Sulpice.)

tent à une certaine hauteur les nombreux piliers du monument (1).

L'église devant être sous le patronage de la Vierge, de St-Pierre et de St Sulpice, Languet de Gergy résolut de placer dans la chapelle du fond une statue de la Vierge, haute de 6 pieds, toute en argent. Le projet était coûteux, mais pour y parvenir sans bourse délier, il avisa le moyen suivant : Comme il allait fréquemment dans le monde, il prit l'habitude chaque fois qu'il dînait chez quelqu'un de ses riches paroissiens de mettre son couvert à sa poche et de l'emporter. Sachant le but qu'il voulait en faire, ses hôtes s'y prêtaient volontiers. Il eut bientôt assez de couverts pour faire exécuter sa statue qui, par suite de son origine, fut appelée *Notre-Dame-des-vieilles-Vaisselles.* Mais elle ne fut jamais installée dans la niche qui lui avait été préparée. La richesse de la matière, faisant craindre qu'elle ne tentât l'avidité des voleurs, on la relégua dans la sacristie, substituant à sa place une statue en marbre, œuvre du sculpteur Pigalle. Au moment de la Révolution *Notre-Dame-des-vieilles-Vaisselles* fut portée à la Monnaie et convertie en numéraire. « La Vierge d'argent, dit » Dulaure, s'est docilement prêtée aux nécessités du » temps ».

En 1745, l'œuvre était sinon entièrement terminée, au moins assez avancée pour que les cérémonies de la dédicace pussent avoir lieu. L'assemblée générale du clergé de France était alors réunie à Paris. Cette circonstance contribua à donner à la cérémonie une solennité toute exceptionnelle. Vingt-et-un prélats, dont sept archevêques et quatorze évêques, tous revêtus de leurs habits pontificaux, la mitre en tête, la crosse en main, portant les plus belles chappes de l'église, prirent part au cor-

(1) *Biographie universelle de Michaud*, article Languet de Gergy.

tège dans lequel figuraient plus de trois cents ecclésiastiques. Les reliques des saints qui devaient servir à la consécration étaient portées par le curé de St. Sulpice, couvert d'un pavillon de drap d'or. Les reliques étaient renfermées dans un vase, sous une magnifique écharpe de soie cramoisie, ornée de larges galons et de crépines d'or. Sur leur passage, les tambours battaient aux champs et les officiers faisaient le salut du drapeau.

Le souvenir de cette solennité qui eut lieu le 30 juin, fut conservé par une inscription placée au-dessus de la porte principale, à l'intérieur de l'église (1) et les détails en furent relatés dans un procès-verbal dressé sur les registres de la fabrique (2).

Le curé, Languet de Gergy, le fit imprimer, en distribua un certain nombre d'exemplaires et un entr'autres

---

(1) Cette inscription est ainsi conçue :

D. O. M.
Ad perpetuam rei memoriam
anno MDCCXXXXV die XXX mensis junii
hoc templum
solenni ritu juxta priscum ecclesiæ morem
Consecravit et B. Sulpitio nuncupavit
Generalis cleri gallicani conventus
XXI episcopis religiosum cultum exequentibus
ut domus domini
Concordi prœsulum ministerio sanctificata
esset in sempiternum
Tabernaculum dei cum hominibus
Pietatis Sanctuarium et urbis decus.

(2) Un exemplaire est déposé aux Archives nationales, section historique, carton L, nº 769. On trouve sur cet exemplaire la description de deux médailles frappées à l'occasion de la dédicace de l'église.

L'une porte d'un côté l'effigie de Louis XV en buste, couronné de lauriers et revêtu de la cuirasse, avec cette légende :

LUD. XV, REX CHRISTIANISS.

Au revers, dans le champ : le grand portail de l'église avec son fronton et ses deux tours primitives. Sur un linteau, au-dessus du portail, on lit : S. SULPICIO et en légende :

au Roi de Prusse, qui lui écrivit à cette occasion la lettre suivante :

« Monsieur,

» J'ai reçu avec plaisir le procès-verbal de la consécration de votre église. L'ordre et la magnificence de ces cérémonies ne peuvent que donner une grande idée de la beauté du temple qui en a été l'objet et suffiraient pour caractériser votre bon goût. Mais, ce qui, je le sais, vous distingue bien plus encore, c'est la prière, la charité et le zèle que vous faites éclater dans la conduite de votre église ; qualités, qui, pour être de nécessité dans un homme de votre état, ne lui en méritent pas moins l'estime et l'attention de tout le monde. C'est à elles que vous devez, Monsieur, le témoignage que je veux bien

---

DEDIT HOC DEUS IN CORDE REGIS

et au bas :

UT GLORIFICARET DOMUM DOMINI

(I. Esdras — VII.)

MDCCXLV [a].

L'autre médaille représente d'un côté : St. Pierre et St. Sulpice avec cette légende :

UBI PRŒSUNT PROSINT [b]

de l'autre côté : l'intérieur de l'église. Sur le devant on voit une femme voilée et vêtue d'une mante semée de croix et de fleurs de lys, figurant le type de l'église gallicane, on y lit l'inscription suivante :

REDIVIVA SACRORUM MAJESTAS.
CLERO GALLICANO
CONSECRANTE
MDCCXLV [c].

(a) Dieu lui-même inspira au Roi cet ouvrage pour la gloire de la maison du Seigneur — 1745. Cette légende est tirée du 1er Livre d'Esdras, chap. VII.

(b) Qu'ils président à ce temple pour y être nos protecteurs.

(c) La majesté des cérémonies sacrées a été renouvelée dans cette consécration faite par le clergé de France en l'année 1745.

vous donner ici de la mienne. Sur ce, je prie Dieu qu'il vous ait en sa sainte et digne garde.

» Signé **Frédéric** (1). »

A Postdam, le 4 octobre 1743.

Voltaire était loin de partager l'opinion de son ami le Roi de Prusse, car, au cours des travaux, il écrivait au comte de Caylus :

« En vérité, vous êtes un homme charmant, vous protégez tous les arts, vous encouragez toute espèce de mérite. Il semble que vous soyez né à Berlin, du moins il me semble qu'on ne suit guère votre exemple à la Cour de France. Je vous avertis que tant qu'on n'emploiera son argent qu'à bâtir ce monument de mauvais goût qu'on nomme S^t^. Sulpice, tant qu'il n'y aura pas de belles salles de spectacle, des places, des marchés publics magnifiques à Paris, je dirai que nous tenons encore à la barbarie.

» Hodièque manent vestigia ruris. »

(Hor. L. 2, ép. 1re.) (2)

Mais il faut dire que Voltaire, qui n'aimait guères la religion et préférait une salle de spectacle à une église, aimait encore moins le curé de S^t^. Sulpice, qui avait refusé les honneurs de la sépulture religieuse à Mlle Lecouvreur, de la Comédie-Française. Il s'en était vengé en prose et en vers, mais sa rancune n'en persistait pas moins et dura jusqu'à sa mort. Dix ans après le décès du curé de S^t^. Sulpice, écrivant à Mlle Clairon, il

---

(1) *Dictionnaire historique* de l'abbé Ladvocat. Il y a évidemment une erreur dans la date de cette lettre, qui doit être de 1745 et non de 1743.

(2) *Correspondance générale* de Voltaire. T. 2, p. 547.

l'appelait encore le plus faux et le plus vain des hommes (1).

Ce fut au moment où les travaux touchaient à leur fin, en cette même année 1745, que Languet de Gergy fut nommé abbé commendataire de l'abbaye de Bernay. La gratification de ce bénéfice fut la récompense du zèle, des soins et des efforts persévérants qu'il avait apportés à l'accomplissement de son entreprise. Le Roi voulut ainsi lui témoigner sa reconnaissance pour avoir ajouté un fleuron à la couronne de monuments qui ornait sa capitale.

Nommé par le Roi le 1er mai 1745, l'indult du Pape, qui lui conférait en commende les bénéfices dépendant de l'abbaye de Bernay, ne fut rendu à Rome que le 5 octobre 1747 (2) et il ne se démit de sa cure de St-Sulpice qu'en 1748, après la réception de cet indult. Ceci répond à la critique de ses détracteurs, qui prétendaient que son abbaye ne lui avait été donnée qu'à la condition de résigner sa cure, mais qu'il gardait dévotement et la cure et l'abbaye (3).

Le zèle du Pasteur pour l'ornementation de son église, ne lui fit jamais oublier le précepte de l'évangile qui pose la charité comme la première des vertus chrétiennes. Son amour des pauvres était sans limites. Généreux et bienfaisant par caractère, il donnait avec prodigalité. L'or dans ses mains semblait se mettre en fusion pour se répandre en abondantes aumônes que l'on disait atteindre annuellement le chiffre énorme d'un million. Son patrimoine, les importants revenus de sa cure, ceux de son abbaye de Bernay, tout y pas-

---

(1) Même source, T. 6, p. 200.

(2) Arch. Nationales, reg. V. 5, 1264, fo 59, vo.

(3) *Nouvelles ecclésiastiques* du 27 mars 1746, p. 49.

sait, sans pouvoir satisfaire son inépuisable charité. Il ne limitait point ses bienfaits à l'étendue de sa paroisse, considérant que la charité devait être universelle. On rapporte qu'en 1720, lorsque Marseille fut ravagée par la peste, il envoya des sommes considérables pour secourir les populations affligées du fléau. Pendant la famine de 1725, lorsque le blé eut atteint un prix excessif, désolé de la misère du Peuple, il vendit ses tapisseries, ses tableaux, son linge, ses meubles, ne se réservant que trois couverts d'argent et un simple lit de serge que Mme de Cavoye lui avait seulement prêté pour qu'il ne pût le vendre, comme il avait fait des meubles qu'elle lui avait précédemment donnés.

Le discernement avec lequel il distribuait ses aumônes, le faisaient souvent choisir par ses paroissiens pour leurs libéralités. Il recevait fréquemment des dons et des legs, mais scrupuleux et discret, il n'en acceptait aucun avant de s'être enquis avec le plus grand soin si ces dons ne préjudiciaient point à des parents peu aisés des donateurs, et quand il était informé qu'ils étaient lésés, non-seulement il n'acceptait pas le legs, mais encore il donnait souvent du sien, ce qui eut lieu à l'égard des parents de la marquise de Cavoye, auxquels il laissa la plus grande partie de la succession de cette Dame (1).

Dans la distribution de ses secours, il tenait compte de la condition sociale, des habitudes et des besoins des personnes qu'il secourait, ne croyant pas donner plus à celui qui avait besoin de plusieurs mille francs qu'à un autre une somme modique pour de modiques nécessités. Il recherchait avec un soin tout particulier les misères cachées, les pauvres honteux, ceux surtout qui, ayant connu les douceurs de la richesse, suppor-

---

(1) *Biographie universelle de Michaud*, article Languet de Gergy.

taient plus difficilement les privations que leur imposaient des revers de fortune.

Mais son œuvre de prédilection fut la fondation de la maison de *l'Enfant Jésus*. En visitant ses pauvres, il avait été frappé du dénument dans lequel ils se trouvaient en cas de maladie. Leur isolement, le manque de soins avaient pour effet de prolonger leurs souffrances et parfois de les conduire prématurément au tombeau. Pour soulager ce genre de misères, il loua d'abord et acheta plus tard une maison, rue de Sèvres, qu'il aménagea pour y recueillir et y faire soigner à ses frais les filles et les femmes malades de sa paroisse, mais bientôt les portes du nouvel établissement furent ouvertes, sans distinction de paroisse, à toutes les femmes et jeunes filles pauvres qui, se trouvant sans travail et sans ressources, venaient y chercher des moyens d'existence. Peu de temps après son ouverture plus de 800 indigentes y recevaient la nourriture, en 1741, ce chiffre dépassait 1,400 (1).

Par la suite, il recueillit encore dans cet établissement un certain nombre de jeunes filles nobles, privées de fortune, auxquelles il faisait donner une éducation en rapport avec leur naissance, prenant pour modèle l'institution royale de St-Cyr.

Mais que de démarches, que de soins, que de peines pour subvenir aux dépenses d'un tel établissement. Les pensionnaires valides étaient occupées à divers ouvrages dont le produit profitait à la maison ; le plus grand nombre était employé à filer du lin ou du coton ; quelques-unes confectionnaient des gants d'une nouvelle mode, dont l'abbé Languet savait à l'occasion tirer bon parti, si l'on en juge par l'anecdote suivante : Un cer-

(1) *Dictionnaire historique par une Société de Gens de Lettres*, art. Languet de Gergy.

tain jour, il se présente à l'hôtel du Prince de Condé, auquel il offre une paire de gants de son établissement. Le Prince l'accepte et lui en demande le prix. Le curé s'en excuse, alléguant que c'était à la Princesse de Condé à les estimer. La Princesse en porte la valeur à 100 louis et comme le Prince se récriait trouvant l'estimation quelque peu exagérée, l'abbé lui répondit qu'il allait lui fournir l'occasion de se venger en le priant d'estimer la paire qu'il offrait à la Princesse (1). On voit que l'habile curé savait bien s'y prendre pour écouler sa marchandise à gros bénéfices. Le Prince et la Princesse s'exécutèrent généreusement et l'établissement de l'*Enfant Jésus* y trouva son compte.

La direction de cet établissement avait été confiée aux filles St-Thomas de Villeneuve, dont l'abbé Languet de Gergy était devenu le Supérieur à la mort de M. de la Chétardie, son prédécesseur à la cure de St Sulpice. Ces humbles servantes des pauvres, chassées une première fois par la Révolution de 1789, qui transforma leur maison en un hospice d'orphelins et plus tard en un hôpital d'enfants, y rentrèrent en 1814 pour en ressortir une seconde fois le 28 octobre 1886. Ce jour-là, à 6 heures et demie du matin, on vit une voiture sortir de l'établissement emportant avec leur modeste bagage quelques religieuses auxquelles leurs infirmités contractées au service des pauvres ne permettaient pas une longue course à pied. A 7 heures, un second groupe plus nombreux quittait aussi l'hôpital pour rentrer à la Maison-Mère de leur ordre. Au moment où elles franchissaient la grille, un des assistants s'approche, chapeau bas et d'une voix haute : *Mes sœurs*, dit-il, *tous les braves cœurs sont avec vous* (2). Le cortège continue sa

(1) *Biographie universelle de Michaud*, article Languet de Gergy.

(2) *Nouvelliste de Rouen* du 30 octobre 1886.

marche et la laïcisation de la maison de l'*Enfant-Jésus* est opérée.

Pasteur vigilant, d'une foi solide et inébranlable, l'abbé de Gergy ne transigeait jamais quand il s'agissait des devoirs de son ministère pastoral. Nous l'avons déjà vu se refusant à inhumer religieusement Mlle Lecou vreur, de la Comédie-Française. Il ne fut pas moins inflexible vis-à-vis de la duchesse de Berry, qu'une grave maladie avait conduite aux portes du tombeau. Malgré les instances du Duc d'Orléans, père de la Duchesse, il refusa obstinément de lui administrer les derniers sacrements, si elle ne se soumettait à certaines conditions que le cardinal de Noailles, archevêque de Paris, exigeait impérieusement. Pour obéir aux ordres de son archevêque, qui lui avait recommandé de veiller à ce que les sacrements ne fussent pas donnés clandestinement, il se posa lui-même en sentinelle vigilante pendant quatre jours et quatre nuits à la porte de la chambre de la malade, se faisant suppléer quelques instants seulement par deux autres prêtres pour aller prendre un peu de nourriture et de repos. « Enfin, ajoute St Simon, » qui raconte l'aventure, le danger étant passé, il leva » le Siège (1) ».

Le passage de l'abbé Languet de Gergy à l'abbaye de Bernay, quelque court qu'il ait été, n'en fut pas moins marqué par un acte important conservé aux archives nationales. Il était de règle que les abbés commendataires abandonnassent une partie des revenus temporels de leur abbaye pour assurer l'existence des religieux du monastère. En 1628, lors de l'introduction de la réforme de Saint-Maur dans l'abbaye de Bernay, l'abbé Dreux Hennequin avait abandonné aux religieux réformés une

(1) *Mémoires de St-Simon*, T. 17, p. 178 et suivantes.

rente annuelle de 3,300 livres, exempte de toutes charges (1) ; après lui, François Feydeau de Brou avait contracté avec ses religieux un pareil concordat. Enfin Léon Potier de Gesvres, successeur de l'abbé Feydeau, avait élevé à 8,500 livres la pension monacale de ses religieux, mais à la charge d'être seuls tenus des grosses et menues réparations de leurs biens réguliers, de leur église et de son clocher. Lors de sa prise de possession, Languet de Gergy fut loin de trouver ses religieux dans une situation prospère. Quelques difficultés s'étant élevées entr'eux et lui, une transaction intervint le 1er décembre 1746, devant les notaires du Châtelet de Paris, par laquelle l'abbé s'engageait à payer à ses religieux et à leurs successeurs une pension annuelle de 10,500 livres, par privilège sur tous les revenus de l'abbaye et leur abandonnait pour leur commodité et l'augmentation de leurs lieux réguliers diverses dépendances du monastère, dont avaient jusqu'alors joui les abbés, notamment les écuries, les remises, le grand jardin et une portion du canal.

De leur côté, les religieux, représentés à la transaction par leur prieur claustral, le R. P. Etienne Lepicard, s'obligeaient à faire reconstruire dans les terrains du logis abbatial et aux endroits que l'abbé leur indiquerait, un colombier, de nouvelles écuries et des remises avec greniers au-dessus, à garnir le nouveau colombier de 600 paires de pigeons, ceux restant dans l'ancien leur étant abandonnés par l'abbé qui les subrogeait dans tous ses droits contre la succession du cardinal de Gesvres, son prédécesseur, pour se faire payer de tout ce qui manquerait dans l'ancien colombier et des

(1) Voir dans le *Journal de Bernay*, du 6 février 1886, l'intéressant travail de M. l'abbé Porée, sur la réforme de la congrégation de Saint-Maur dans l'abbaye de Bernay.

réparations à faire aux objets qu'il leur cédait; enfin à séparer par une grille la portion du canal qui leur était abandonnée, d'avec celle restant aux abbés, de façon que le poisson ne puisse passer d'une portion dans l'autre.

Les parties reconnaissaient en même temps que, nonobstant l'augmentation de la pension des religieux portée de 8,500 livres à 10,500 livres, ceux-ci continueraient d'avoir leurs moutures franches et quittes dans les moulins de l'abbaye pour le blé nécessaire à leur nourriture et celle de leurs domestiques, et que l'abbé fournirait comme par le passé les 54 boisseaux de blé d'aumône annuellement dus, savoir : 50 pour l'aumône des passants et 4 pour celle des pauvres dont on lavait les pieds le jeudi Saint (1).

Malgré cette augmentation de pension due à la générosité de leur abbé, la situation des religieux demeura précaire pendant quelques années, car dans un acte capitulaire du 2 mars 1749, le Prieur expose que l'abbaye est endettée de plus de 7,000 livres, et demande à faire un emprunt de 10,000 livres. Deux ans plus tard, en 1751, le Prieur fait à l'abbé de Germon, conseiller clerc au Parlement de Normandie, un nouvel emprunt de 4,000 livres, qui ne fut remboursé qu'en 1756 (2).

L'abbé de Gergy venait de temps à autre visiter son abbaye, ce fut dans l'un de ces voyages que la mort le

---

(1) Archives nationales. Registre des enregistrements cote V.5 — 1263 p. 142, v°.

D'après la procuration donnée au R. P. Lepicard, pour représenter les religieux à cette transaction, ces religieux, au nombre de 7 étaient : D. Pierre Folloppe, sous prieur, D. Noël Bery, D. Antoine-Laurent Déliée, D. Etienne-Nicolas Duval, D. Michel de Recq, D. Robert Petit et D. Henri Leballeur. Tous religieux profès.

M. Veuclin, a rapporté les principales dispositions de cette transaction dans le *Moniteur de Bernay* du 11 septembre 1886.

(2) Archives du département de l'Eure.

surprit à Bernay ; il avait atteint sa 76e année. Le onze octobre 1750, il reçut les derniers sacrements de la main du curé de Sainte-Croix qu'il avait fait appeler et expira dans les sentiments de la plus édifiante piété. Deux jours après sa mort, son corps fut transporté à Paris pour y être inhumé dans l'église Saint-Sulpice, où lui-même avait désigné le lieu de sa sépulture (1).

Ce vénérable prêtre, qui avait répandu des millions en aumônes de toutes sortes, mourait pauvre comme il avait vécu (2). Au moment de son décès, il occupait un

---

(1) L'acte de décès est ainsi conçu sur le registre de catholicité de l'église Sainte-Croix :

Le traize octobre 1750, le corps de Messire Jean-Baptiste-Joseph Languet de Gergy, prêtre, docteur de la maison de Sorbonne, ancien curé de Saint-Sulpice de Paris, et abbé commendataire de l'abbaye royalle de Notre-Dame de cette ville, âgé de soixante-seize ans ou environ, décédé le onze de ce mois, muni des saints sacrements de l'église qui luy ont été administrez par nous curé soussigné, présence de Me Thomas Mouton, prêtre, sacristain de cette paroisse, et de sœur Marie Mymoineau, supérieure des filles de la charité de cette paroisse, a été transporté de cette paroisse en celle de St-Sulpice, pour y être inhumé, conformément au consentement que nous en avons donné par écrit le jour d'hier, légalisé par M. Charles-Jacques sieur Delamotte, procureur du Roy en l'élection de cette ville, et ce, après que tous les droits des obsèques dus à l'église et des offices des deffuncts ont été payez comme si ledit seigneur abbé avoit été inhumé dans notre église, présence de Mrs Mouton, Surlemont, Marais, ptres habituez, Lamare, soudiacre, et plusieurs autres.

Signé : J. Bourlet, F. Thomas Marais, Mouton, Thomas, J. Corbin, A. Aubry, Surlemont, et Baivel, curé de Ste-Croix.

Au-dessous on lit : Le consentement cy dessus a été par moy légalisé ledit jour,

Signé : Jacques Delamotte.

(2) Au nombre des créanciers qui formèrent opposition sur le procès verbal d'apposition de scellés, on remarque Messire Louis-Urbain Gérard, diacre du diocèse de Paris, Prieur du prieuré de St-Michel du Montmilon à Bernay, dépendant de l'abbaye, et un nommé Grangier, qui réclamait une somme de 648 livres pour ses déboursés à l'occasion du dernier voyage de l'abbé à son abbaye de Bernay, dépenses et avances pendant son séjour dans cette ville, frais de plusieurs courriers et pour le transport du défunt de ladite abbaye à Paris.

A la mort de l'abbé de Gergy, il fut procédé à la constatation de l'état des bâtiments et dépendances de l'abbaye ; il fut reconnu par le procès verbal que les réparations à sa charge s'élevaient à 4,947 liv. 10 s.

appartement des plus modestes dans la maison presbytériale de St-Sulpice. Une grande pièce lui servait de cabinet de travail, une chambre pour lui, une autre pour son valet de chambre, deux petits cabinets, et c'était tout. A la maison de l'*Enfant Jésus* une simple chambre lui servait de pied à terre lorsqu'il allait visiter cette maison. Lorsque l'archevêque de Sens, son frère et son exécuteur testamentaire, fit apposer les scellés, on ne trouva dans le coffre fort du défunt que deux louis d'or de 24 livres, deux écus de 6 livres et quatre de 3, en tout 72 livres. La somme était modique ; mais à côté de ce faible pécule, dans une autre caisse, dépôt sacré auquel ne touchait pas l'abbé, 19,260 livres en or et en argent étaient scrupuleusement conservés, c'étaient les fonds de la loterie accordée à l'église St-Sulpice et dont, après sa démission de la cure de cette paroisse, il avait gardé l'administration.

Les seuls objets de valeur constatés par l'inventaire furent cinq marcs trois onces de vaisselle d'argent tant plate que montée, un christ d'ivoire, et quatre tableaux, dont trois sujets religieux et un portrait, plus une montre en or à répétition qu'avant son départ pour Bernay il avait remise à la supérieure de la maison de l'*Enfant Jésus* pour en prendre soin jusqu'à son retour.

Tous les autres objets, meubles, titres et papiers furent réclamés par le curé de St-Sulpice comme appartenant aux pauvres honteux, malades et autres indigents de sa paroisse ; de même que toutes les provisions, denrées, équipages, et meubles se trouvant dans la maison de l'*Enfant Jésus ;* le tout ayant été donné par des personnes de piété.

Les relations avec l'abbé Languet étaient agréables, il avait l'esprit vif, la répartie prompte et pleine d'à-propos. Le cardinal de Fleury, qui l'avait en grande estime, lui proposait un jour de le nommer intendant général des hôpitaux du royaume, l'abbé lui répondit en riant : *Je l'avais bien toujours dit, Monseigneur, que les bontés de votre Eminence me conduiraient à l'hôpital.* (1).

Les traits de ce digne prêtre nous ont été conservés. François Jouvenet, fils de Laurent, oncle du célèbre peintre normand de ce nom, en a fait un portrait, reproduit par la gravure avec cette inscription :

Rebâtir avec pompe un temple au Créateur,
Instruire, secourir ses chrétiennes ouailles,
D'un bon père en tout temps leur montrer les entrailles,
Remplisset tous les soins de ce pieux pasteur (2).

Son successeur à la cure de St-Sulpice, l'abbé Jean Dulau d'Allemans et les marguillers de la paroisse, voulant honorer sa mémoire et perpétuer le souvenir de ses bienfaits, lui firent élever un somptueux mausolée dans le caveau qui avait été exclusivement réservé pour sa sépulture. Ce tombeau, œuvre remarquable du sculpteur Slodtz, transféré pendant la Révolution au musée des Monuments français, fut rétabli plus tard dans la chapelle de St-Jean-Baptiste où on le voit encore aujourd'hui (3). Dans ce travail, l'une des meilleures productions de l'habile sculpteur, on remarque surtout la figure de notre vénérable abbé, où l'artiste a appliqué

---

(1) *Biographie universelle de Michaud*, art. Languet de Gergy.

(2) On lit en exergue autour de ce portrait : Messire Jean-Baptiste-Joseph Languet de Gergy, prestre, docteur de la maison de Sorbonne et curé de l'église paroissiale de St-Sulpice de Paris.

Dans le *Moniteur de Bernay* du 18 septembre 1886, M. Veuclin donne la description d'un autre portrait de notre abbé, dessiné et gravé par Roy, d'après nature Ce portrait très rare et très beau mesure 24 centimètres sur 34 et reproduit dans un écusson les armoiries des Languet avec une inscription énumérant les titres de notre abbé et la date de sa mort.

(3) Cette chapelle est la 1re au-dessous du transept du côté du midi.

toutes les ressources de son talent et toute la délicatesse de son ciseau. Quoique nous ayons déjà dans un précédent travail (1) donné la description de ce monument, elle rentre tellement dans notre sujet que nous croyons devoir la reproduire ici telle qu'elle est insérée dans l'inventaire des richesses d'art de la France (2) :

« Sur un soubassement de marbre gris est posé un sarcophage en marbre vert. Sur ce sarcophage J. B. Languet, agenouillé sur un coussin de marbre rouge, les bras ouverts et les yeux au ciel. A ses côtés une figure ailée représentant l'immortalité, soulève une draperie qui recouvrait le curé, tandis que sur la gauche un squelette représentant la mort semble s'enfuir. Les figures de J. B. Languet et de l'immortalité sont en marbre blanc. La draperie et la mort sont en bronze. Derrière le groupe est une pyramide de marbre Brèche d'Alep de 0^{m}67 de saillie.

» Dans l'origine, la figure de l'immortalité tenait de la main gauche un cercle d'or et sous le bras droit le plan de l'église (3) et sur le piédestal étaient les génies de la religion et de la charité. L'un d'eux était couché sur une corne d'abondance, l'autre tenait un cartel portant un écusson aux armes de J. B. Languet (4).

» Sur le soubassement, une table de marbre blanc porte cette inscription :

---

(1) *Un Procès de chasse au XVIII*e *Siècle*, page 8, en note.

(2) Paris, monuments religieux. t 1er p. 262.

(3) Dans une reproduction par la gravure que nous possédons de ce tombeau, la figure de l'immortalité tient de la même main le cercle d'or et le plan de l'église, de l'autre main elle soulève la draperie qui recouvrait le curé.

(4) D'après la Chesnaye Desbois, Languet de Gergy portait : d'azur au triangle cléché et renversé d'or, chargé de 3 molettes de gueules, posées 1 à chaque extrémité du triangle.

Ici repose dans le Seigneur

Jean Baptiste Joseph LANGUET de GERGY, né en Bourgogne d'une famille noble,

Docteur de la Faculté de Paris, de la maison de Sorbonne,

Curé de la paroisse de St Sulpice pendant trente-cinq ans,

Sur la fin de ses jours, abbé de Ste Marie de Bernay,

Et toute sa vie occupé à faire éclater sa ferveur et sa magnificence pour le culte de la mère de Dieu,

Il éleva ce temple dans toute la grandeur et la majesté qu'on y admire.

Il en conçut le projet sans autres fonds qu'une sainte confiance, il l'exécuta, grâces à la piété généreuse du Souverain,

Mais la conservation des temples vivants de Jésus-Christ fut le premier et le plus cher de ses soins,

Ingénieux à découvrir la misère, prodigue pour la soulager, il soulageait les indigents, indigent lui-même ; il leur donnait des vêtements et lui-même s'en refusait ; il les nourrissait et se privait lui-même d'alimens ; procurant aux pauvres les trésors des riches, aux riches les prières des pauvres,

Heureux médiateur de ce commerce tout divin, qui produit un intérêt immortel,

Dans les inondations, dans les incendies, dans les disettes, il fut un port, un refuge, une ressource.

Actif, vigilant, prompt à exécuter, il n'y avait sorte de bonnes œuvres qu'il ne secondât par de puissantes largesses et qu'il n'entreprît lui-même par une heureuse prévoyance.

Il ouvrit un azile honorable à de jeunes vierges d'un sang noble qu'il consacra à Jésus enfant.

Il pourvut à leur existence, à leur éducation. Les grands ont regretté en lui un homme d'un excellent conseil, son troupeau un guide, un pasteur, un père, Paris un citoyen bienfaisant, l'église un docteur et un modèle.

Ses vertus le feront vivre éternellement avec les anges dans le ciel, ses bienfaits avec nous sur la terre.

Il mourut le XI octobre de l'année MDCCL à l'âge de 76 ans.

Jean Duleau d'Allemans, successeur de ce grand homme et les Marguilliers de cette église lui ont élevé, en versant des larmes, ce monument de leur amour et de leur reconnoissance.

Cette épitaphe résume la vie si édifiante du vénérable abbé auquel nous avons consacré ces lignes. Elle fait connaître les mérites, les qualités et les vertus de ce digne prêtre, qui refusa à diverses reprises les honneurs de l'épiscopat et préféra dévouer sa vie toute entière au soulagement des pauvres et à la pratique des bonnes œuvres avec tant d'abnégation, de générosité et de désintéressement que l'on a pu dire de lui :

Il répandait en Roi, travaillait en apôtre ;
Zélé pour son troupeau, zélé pour le Seigneur,
Il fut de l'un le bon Pasteur,
Le second Salomon de l'autre (1).

(1) Supplément du *Dictionnaire historique par une Société de Gens de Lettres*, Art. Languet de Gergy.

65

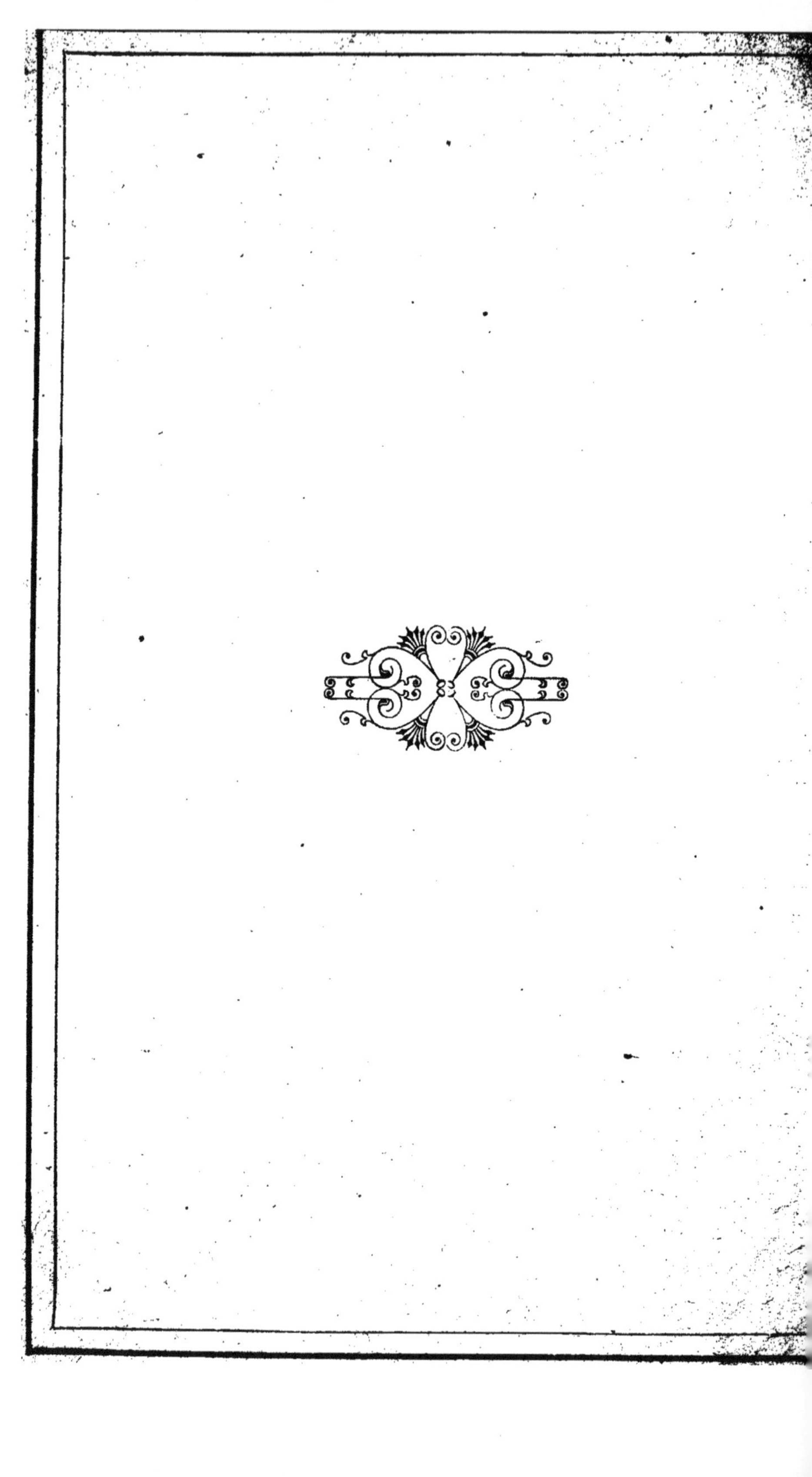

www.ingramcontent.com/pod-product-compliance
Ingram Content Group UK Ltd.
Pitfield, Milton Keynes, MK11 3LW, UK
UKHW021043180726
13838UKWH00004B/1971

9 782329 462530